新潮文庫

東山魁夷小画集

ドイツ・オーストリア

東山魁夷著

新潮社版

目次

憧憬と郷愁

憧憬《どうけい》と郷愁、別離と帰郷――それが旅の姿である。しかし、もし、この二つの異った方向が一つの輪に結ばれていたら、そのような宿命を持つ旅人は、いつまでも輪を描いて歩き続けることになる。

初めてヨーロッパへ旅立ったのは、東京美術学校を卒業して間もなくの一九三三年（昭和八年）であった。ドイツを主な滞在地として、二年間、ヨーロッパの美術の研究と、生活を体験した。既に遠い昔である。

ヨーロッパと日本は、それ以来、私の心の中に憧憬と郷愁の輪になって結ばれた。戦後、私が度々、両者の間を往《ゆ》き来することになったのも、その根は深いところに在る。

今は誰の記憶にも無い作品だが、戦前に私は「古き町にて」と題して日本とドイツの古都を、それぞれ三点ずつの連作として描いた。戦争を経て長い歳月が過ぎても、私には折に触れて、ドイツの古都の情景が浮び上ってくることがあった。

古びた都門を潜《くぐ》り、石畳みの道を私は歩いて行く。両側には傾斜の急な破風《はふ》の家々が、どの窓にも溢《あふ》れるように花を飾って建ち並んでいる。その窓の花は、私に“Willkommen!《いらっしゃい》”と囁《ささや》きかける。ところどころにガス燈の形をそのままに残した街燈、鉄細工の唐草模様をつけた趣のある看板。道は私を町の真中の広場へと導いてゆく。

広場のまわりには、古風な市庁舎、ホテル、教会の高い塔、中央には石の彫刻のついた泉、酒場の庭の菩提樹《ぼだいじゅ》の木蔭《こかげ》に並べられたテーブル……。

先年、京都を主題にした連作と、新宮殿の壁画「朝明けの潮」を、殆んど同時期に描き終えた時、こんどは遠くの方からドイツの古都が私を呼んでいるのを感じた。老い疲れようとする身心に、少しでも若い日の鼓動を甦《よみがえ》らせたい願いもあって、私は三十六年振りに再遊の旅に出た。

私には懐しい期待と、同時に不安もあった。戦争を経て、古い町々の面影が今も残っているだろうか。もし失われていたならば、私の心の青春の残影も消え去ってしまうことになるだろう。幸いなことにドイツの北から南へ、そしてオーストリアへの旅を通じて、中にはベルリンのように大きく変った都市もあったが、小さな町は昔日の姿をよく残していた。私の夢の情景そのままでさえあったと言える。私の胸はそんな町に巡り合うたびに若々しく高鳴った。

また、到るところで清澄な自然にも心を慰められることが多かった。自然と古都、そのどちらをも、美しく保とうとする「人間」の心が籠《こも》っていた。

バイエルンのドイツ第一級の観光地であるケーニヒ湖の湖岸には、昔あった二軒の木造のホテルがあるだけで、湖を巡る歩道さえつけられていない。遊覧船も電動船で、波を立てずに、ゆっくりと滑るように航行する。両岸は針葉樹の繁る切り立った断崖《だんがい》である。湖のなかばで船のエンジンを止め、船員がトランペットを、一節ずつ区切って吹く。するとと四方の岩壁から、こだまがいくつも返ってくる。湖の静寂は、この時いっそう深まり、山湖の霊に触れる思いがする。

この湖の奥に、さらに一つの湖があって、やはり雄大な景観であるが、ここにはボートも浮んでいない。湖畔のごく狭い草地に、ただ一軒の丸太造りの牛小屋があって、中を覗《のぞ》くと炉にはチーズを造るための大きな鍋《なべ》がかかっている。壁に掛けた飾り皿に、

安息は人間にとって神聖なもの
ただ狂人だけが急ぐ

と書かれていた。次の部屋の戸口からは柔和な牛の瞳《ひとみ》が私を見つめていた。

いわゆるロマンティシェ街道の古都ローテンブルクを訪れた私は、若い時にスケッチした広場の泉を、以前と同じ構図で描いた。背後にある古い市庁舎は爆撃で破壊されたのを、以前の通りに再建して壁の古色までつけられている。私は過ぎ去った長い年月を忘れる想いであった。そのローテンブルクの都門の一つには、

歩み入る者に　やすらぎを
去り行く人に　しあわせを

とラテン語で刻まれている。

私はこの旅で現在の私達の文明の方向と、その激しい速度について、また、私自身の日々の生活と心の在り方について、反省しないではいられない多くのものを感じた。

若い時の私は、感覚的な要素の多い青年であった。ドイツに留学した

のは、一つには知性による支えが欲しかったからである。三十六年を経て再び訪れた時は、この厳しい精神風土の国を旅しながら、私が感じたのは、むしろ、心のやすらいであった。

一九七八年十一月記

〈『東山魁夷全集6 ドイツ・オーストリアの旅』（講談社刊）より転載〉

ドイツ・オーストリア　東山魁夷小画集

ドイツ

北方のきびしさは私の心の支えであり、
その抒情《じょじょう》は私の心のやすらいである。
リューベックの町の、夜空に聳《そび》える教会の尖塔《せんとう》、
近くの窓辺に漏れる燈火の温かさ。

1　窓明り

2　霧の町

古いハンザ都市リューベックの歴史を、
この重厚なホルシュテン門は物語っている。
バルト海から吹く風が、冷たい霧を運んでくる朝。

霧に湿る石畳みの路地、渋みのある赤煉瓦の壁、
ガス燈の形をそのままに残す街燈、
吹き抜けてゆくバルト海の風。

3　石畳みの道

ラーン河の清流に影を映し、
明け方の空を背景にして、
厳かに聳え立つリンブルクの聖堂。

4　朝の聖堂

リンブルクの聖堂の夕べを想う。
リズミカルな栃《とち》の枝には、点々と小さな芽吹き。
夕陽は赤く、大きい。

5　夕べの聖堂

湖畔の丘に古い教会がある。
古風な家並みがそれを囲み、静かに水に映っている。
メルンは小さな湖と深い森に囲まれた町。
春の訪れを告げる柳の芽吹きが鮮やかである。

6　水辺の町

7　曠原

リューネブルクの荒野の、
茫漠として、果し無い眺望。
この天と地の深い静寂《しじま》の中に、
奇怪な姿で立つ杜松《としょう》の群れ。

木組みを壁の外にあらわした装飾的な家々。
一階から二階、三階へと、前にせり出した古風な造り。
色彩豊かなツェレの町に見る、
昔の人の生活のゆとり。

8　ツェレの家

9　ニュールンベルクの窓

ニュールンベルクの古城の窓から、
教会の尖塔のそそり立つ町を見おろす。
中世のドイツ皇帝の町、
楽劇マイスター・ジンガーの華麗な舞台。

10　石の窓

中世の城壁に囲まれて、
昔ながらのネルトリンゲンの町は
静かに眠る。
市庁舎の石の階段の下に、
古風な石の窓が、
謎《なぞ》めいた暗さを覗《のぞ》かせている。

11　晩鐘

金色に縁取られた雲間から幾筋かの光の足が、
塔の真上に放たれていた。
巨大な寺院は、その姿を逆光の暗さに沈め、
夕影に蔽《おお》われたフライブルクの町に、高く聳えていた。

ネッカー河畔のヴィムプヘンは、小さな古い町である。
その町の何でもない一角を俯瞰《ふかん》した。
このような静かな家並みは、ドイツの到る処《ところ》に在る。

12　静かな町

ヴィムプヘンは小さな町であるが、
丘の上に堂々とした姿を示す。
古い歴史を刻み込んで、曇り日の夕空の下に、
重厚なシルエットとなって浮ぶ。

13　古都遠望

バンベルクの聖堂の内陣に、
馬に跨《またが》った若い騎士の石像がある。
わずかに眉を寄せた表情に、
遠い中世に生きた人々の、誇りと憂いを見る。

14　バンベルクのドーム

15　緑のハイデルベルク

ネッカー河にかかる石の橋、山の中腹に見える古城。
ハイデルベルクを私は緑の色調で描いた。
緑は青春の色である。

いかめしい石の門を潜《くぐ》り抜けると、
そこは隔絶された世界である。
この郷愁の町は、
私にとって、青春の日の象徴でもある。

16　ローテンブルクの門

17　赤い屋根

ローテンブルクの市庁舎の塔から眺める。
全《すべ》て赤い屋根の連なりである。
ところどころに都門の塔や、教会の塔が、
赤い屋根の中から聳え立つ。

18　窓

ローテンブルクの石畳みの道。
古い家並みの窓の下に、
ひっそりと置かれたベンチに腰をかけて、
窓の持つ意味を私は考えた。
それは厚い壁の内と外を結ぶ、人の心の通い路である。

都門を潜ると、石畳みの道が続いている。
古い家々が、どの窓にも花を飾って並んでいる。
広場の真中にあるゲオルクの泉。
ローテンブルクは、そのままでメールヘンの町である。

19　泉

タウバー谷から、丘の上のローテンブルクを眺める。
城壁に囲まれた赤い屋根の家々、
いかめしい都門の塔、空を指す教会の尖塔、
ここには中世そのままの景観を乱す何もののもない。

20　丘の上のローテンブルク

21　明けゆく山湖

南ドイツ、バイエルンのケーニヒ湖。
黎明《れいめい》の爽やかなひととき、
岩山の頂が茜《あかね》色に染って、
山と湖の青い眠りを呼び覚そうとする。

22　緑深き湖

山湖の緑深い岸辺に牛飼いの小屋がある。
中を覗くと炉には大きな鍋《なべ》。壁に掛けた飾り皿に、
「安息は人間にとって神聖なもの
ただ狂人だけが急ぐ」と書かれていた。

南バイエルンの山湖。
切り立った岩山に囲まれて、
その水は深く、静かに澄んでいる。

23　みづうみ

オーストリア

教会の丸屋根や尖塔が、流れの急な河岸に立ち並び、
広場には大きな泉《ブルンネン》が勢いよく水を吹き上げる。
楽聖モーツァルトを生んだ典雅な町ザルツブルク。
山上には堂々としたホーエン・ザルツブルクの古城。

24　ホーエン・ザルツブルク城

ザルツブルクの古城を、雪の樹間に見る構想は、
音楽の都ザルツブルクへの、私の思慕の心を表わす。
それは、聖夜の幻想にも繋《つなが》っている。

25　雪の城

26　湖畔の村

ザンクト・ヴォルフガングの湖畔の丘に登る。
対岸の二つの嶺《みね》が、大きく弧を描いて並び立つ間に、
薔薇《ばら》色の夕映えを宿す雪の山が覗いている。
夕べの鐘の音が麓《ふもと》の村から静かに響き渡る。

ウィーンからドナウ河を西へと溯《さかのぼ》ってゆく。
葡萄畑の山あいを、河は緩やかに流れる。
ワインで名高い村々を過ぎてメルクへ来ると、
岸辺の緑も濃く、河は「美しく青きドナウ」となる。

27　青きドナウ

葡萄の実るドナウの岸辺に沿って、
私はいくつかの古い町を訪れた。
クレームスは、昔、華やかに栄えた町、
時の流れの中に移ろい廃れた、寂しい美しさが漂う。

28　坂道の家

ティロルの山中の小さな湖。
濃緑の山を映し、青く澄んで静まりかえっている。
岸辺の明るい若葉の木々と牧草小屋、
小高い丘には、伝説を秘める古城の廃墟《はいきょ》。

29　水澄む

牧草地のゆるやかな斜面、
点々と積まれている乾草《ほしくさ》、それらを運ぶ馬車。
澄み切った大気の中に営まれている、
ティロルの山村の人々の素朴な生活への讃歌《さんか》。

30　丘の教会

31　マリアの壁

ティロルの山村エッツは、小さな、
静かな村である。
山裾の丘の教会の回りに散在する
僅かな戸数の家々。
その一軒の白い壁に
描かれた聖母子の画像は、
この村の人々の
敬虔《けいけん》な祈りを表わしている。

暗く淋しい森の奥に、
かすかに響いてくる楽の音。
モーツァルトの歌劇「コシ・ファン・トッテ」の、
舞台の幻想が遠く小さく浮ぶ。

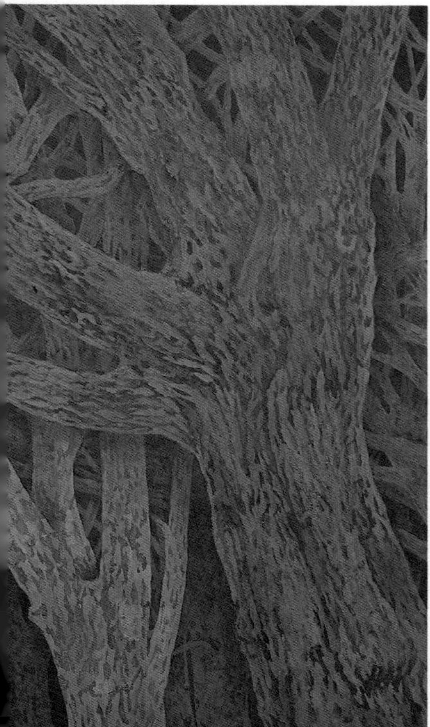

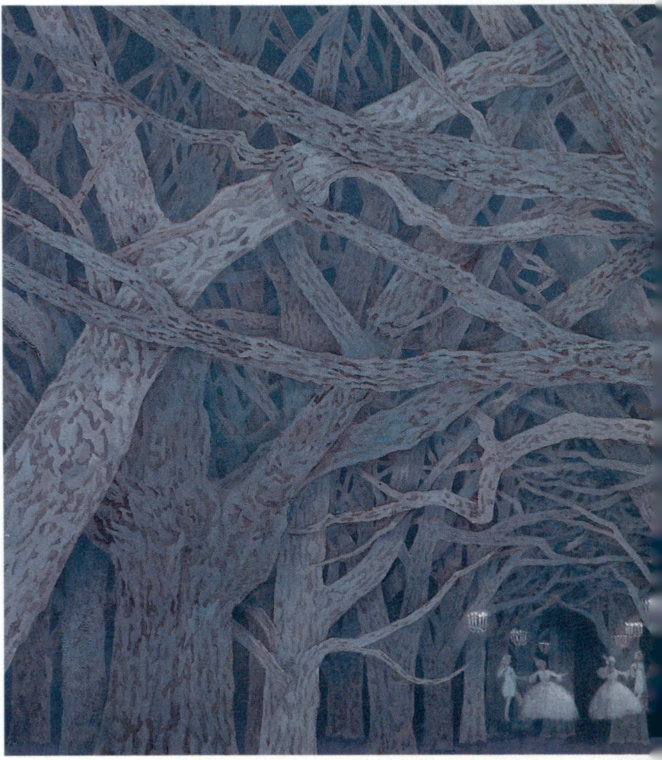

32　森の幻想

スケッチ

33　ステンド・グラス

34　古道具屋の窓

35　ホルシュテン門の窓

36　揺れる窓

37　町角

38　ホテル・太陽

39　古いガラス絵

40　花のある窓

41　青い窓

42　デューラーの家より

43　祭りの日

44　フライブルクにて

45　鐘のある窓

46　内庭

47　バンベルクにて

48　穀倉

49　ネルトリンゲンの町

50　ホテル・ドイチェス・ハウス

51　聖堂の中

52　夕かげ

53　家並

54　人形芝居の小屋

55　塔の影

56　ローテンブルクの泉

57　絵のある窓

58　野の花

59　リューデスハイムにて

60　ティロルの窓

61　描かれた窓

62　酒場の看板

63　白馬亭

64　骨董屋

65　鐘楼の窓

66　裏窓

67　ホテル・ポスト

68　ザルツブルクの看板

69　緑苑の花

70　ミラベル宮庭園

71　居酒屋

ドイツ、オーストリアを旅して

一九六九年（昭和四十四年）の春浅い日に、私は妻を伴って、ドイツ、オーストリアへの旅に出た。古いハンザ都市の俤《おもかげ》を残す渋い赤煉瓦の建物と、霧に濡れた石畳みの道の港市リューベックを、この旅の始めとした。

このあたりホルシュタイン地方の湖沼地帯には、満々と水をたたえた湖が、木立ちのある小島を浮べ、入江の岸辺の芽吹きの樹々を映して、北国の春のメランコリックな雰囲気《ふんいき》を醸し出していた。北海とバルト海に挟《はさ》まれた、もの淋しい地方であるが、私の心を強く惹《ひ》くものがある。

ハンブルクからリューネブルクの曠野《こうや》を訪れる。緩やかな起伏を持つ荒野が果しなくひろがる寂莫の天地。ハイデ草に蔽《おお》われた不毛の土地に、杜松《としょう》の群れが怪奇な姿で立っている。

この曠野の南に、木組みを装飾的に壁面に現した色彩豊かな家並みのツェレの町がある。更に南方のハルツ山麓《さんろく》のゴスラーは、千年の歴史を持つ古都である。狭い石畳みの路地を挾んで立ち並ぶ家々は、ツェレとは違った渋い趣を持っている。

ベルリンにも、ハンブルクにも懐しい想い出が多く残っている。しかし、ベルリンは全く変って新しい街並みになった。嘗《かつ》ての下宿先を訪ねたが、旧知の人々は誰一人いなくなっていた。繁華街のクーアフュルステンダムの大通りに、戦火で破壊された巨大な教会の残骸が聳《そび》え立っている。戦争の悲惨を永久に伝えるかのように。

エルベ河に臨む港市ハンブルクでは、市の中央にあるアルスター湖を囲む美しい眺め、湖上に浮ぶヨットの群れに、昔日の記憶に勝る新鮮な喜びを見る。

私達の旅は西へ移り、ライン河に沿って大聖堂の聳えるケルンから、ボン、マインツ、さらにマイン河畔のフランクフルトへと辿《たど》る。その西北にあるリンブルクでは、河岸の巌《いわお》に立つ聖堂《ドーム》のシルエットが荘厳であった。ヴォルムスにも盛期ロマネスクの大伽藍《だいがらん》が堅固な造型美を示している。

ネッカー河に臨むハイデルベルク、この名高い学都は、対岸から緑の山麓に眺めた景観が最も美しい。河にかかる石の橋、古い家並み、教会の塔、大学の建物、なだらかな山の中腹にある古城、すべてが緑の中に在る。

ハイデルベルクからヴィムプヘンをはじめ、ドイツの古い小さな町の典型とも言うべき町々を訪ねた。広場には花に飾られた泉があり、木組みを壁に出した家の造りも、すべてが絵画的な構成を見せている。小さな広場を中心にした情緒豊かな景観を、よく保存していることに心を打たれる。或るドイツ人の言葉――古い建物の無い町は、想い出の無い人間と同じである――。

フライブルクはフランスとの国境にある。夕暮れに町の背後の小高い丘に登り、大伽藍の巨大な塔が、夕陽の逆光の中に聳え立つのを眺める。雲間から幾条《いくすじ》かの光の足が、塔の真上に放たれていた。私の心は浄福と平安に満たされていた。

ニュールンベルク、バンベルク、アウグスブルクと、中世ドイツ皇帝の栄光を伝える街々の印象は強いものがあったが、それよりも私にとっては、ローテンブルク、ディンケルスビュール、ネルトリンゲンというような、小さな古い町々に心の安まる思いが深かった。

ローテンブルクの都門を潜《くぐ》って、一歩、町の中へ足を踏み入れた旅人は、たちまち現実の世界から遠く切り離されてしまうことだろう。序文にも、この町のことを書いた通り、市庁舎の広場にある泉は、若い時、私が写生したままである。ただ、あの頃は女の子が水を汲《く》みに来ていたが、水道が完備した現在では、泉は広場の美観の役目を務めるだけになった。また、ビールの樽《たる》を満載した車を曳《ひ》く二頭の逞《たくま》しい馬の蹄《ひづめ》が、夕暮れ時の広場の石畳みに、火花を散らして馳《か》け過ぎる風情も今は見られなくなった。

しかし、町の家並みは全く変っていない。いや、爆撃を受けて破壊された建物を、昔のままに再建しているものがかなりあるのだが、古い壁の汚染《しみ》まで元通りに復元してあるので、どの広場、どの路地にも遠い思い出が甦《よみがえ》り、私の胸は青春の鼓動をとり戻したかのように高鳴るのだった。

爆撃を受けなかったディンケルスビュールは、ごく当り前の古い町で、町の人々が特に意識して保存した様子も感じさせない。自然に古い家々が残ったかのように見受けられる。しかし、何百年の年月をこうして変らない姿を保っているのは、やはり、そこに住む人の深い愛情に支えられてきたからだろう。観光地化されていない静かな町で、当てもなく歩くのにふさわしい風情を見せている。さて、私のドイツの旅は、いよいよ南の端バイエルンの山地へ近づいた。ドイツの地勢は、北は平坦で中央部は丘陵性の土地、南の端は険しい山岳地帯となっている。

バイエルンの都ミュンヘン、そのシンボルとも言うべきフラウエン教会は、後期ゴシックの堂々とした建築だが、二つの高い塔は空を刺す尖《せん》塔《とう》ではなくて、円い屋根を持っている。南ドイツへ来ると、この玉葱《たまねぎ》形の屋根の塔を持つ教会が、かなり多い。北方の厳しさに対して、ここには南方的な柔らかさが感じられる。

ミュンヘンには文化の都としての伝統の重みが色濃く漂っている。充実した内容の美術館、博物館をはじめ、音楽、演劇の劇場での優れた公演を観賞した。しかしまた、郷土色豊かな雰囲気を持つビール酒場での楽しい夕べをも度々味わった。

ミュンヘンの西南、オーストリアとの国境に、ケーニヒ湖、オーバー湖、ヒンター湖の三つの湖がある。これらの湖の美しさは序文にも触れているが、いずれも深い藍《あい》色の水を湛《たた》え、切り立った高い岩山に囲まれて静まりかえっている。

自然保護が徹底していて、その幽寂な景観は、戦前に訪れた時と少しも変っていない。ここにあるのは森厳な大自然の威容を前にしての、人間の心に起る敬虔《けいけん》な思いである。

ベルヒテスガーデンは、懐しい想い出の山間の町である。若かった私は、各国からの留学生のグループと共に冬の休暇に訪れ、この町で年を越した。大晦日《おおみそか》の夜を陽気に過して、元旦の午前零時に「新年お目出とう！」と盃《さかずき》を挙げた。その時、遠近《おちこち》の丘の上から村人達が新年を祝って撃つ銃声が谷間にこだまして響き渡った。一九三五年の年が明けた瞬間であった。

私達はここから国境を越えてオーストリアへ入った。ウィーンでの数日間の印象は、短い言葉で語り尽せるものではない。ここには古き良き時代のヨーロッパの格調と落ち着きが、残り香となって漂っている。ウィーンからドナウ河を溯《さかのぼ》って葡萄の実る山裾の村々を過ぎる。麦藁《むぎわら》で作った酒場のしるしが、あちこちの軒にぶら下っている。夏の宵に葡萄酒の新酒を味うのに適《ふさ》わしい情趣に満ちた家々のたたずまい——。

ティロルの山地へ入って、インスブルックからザンクト・アントンとエッツの二つの山村に滞在した。冬はスキーで賑《にぎわ》うこれらの村も、夏は静かな保養地としての、清爽《せいそう》な山の空気が快い。大げさなホテルの建物がなく、ケーブルもリフトも、自然の景観を害《そこな》わないための、細心の注意をもって設営されている。

ザルツブルクを私は旅の終りの地に選んだ。ドイツとの国境にあって、しかも、イタリア風の建築様式が多く見られるザルツブルクの町の趣は、ここに生れた楽聖モーツァルトの音楽に宿命的な影響を与えていると思われる。重畳《ちようじよう》する険しい山間に、ローマに模して造られたこの町は、モーツァルトの歌劇「魔笛」からの連想にもよるが、どこか空想めいた雰囲気を宿している。

もし、月の明るい夜、魔の笛の力を借りて雪を戴《いただ》く雄大なアルプスの嶺々《みねみね》を下に見ながら、ティロル山地の東のはずれへと空を飛ぶことが出来たならば、険しい岩山の底に抱かれた神秘な数々の湖が、鏡のように明るく光るのを見るであろう。そしてザルツアッハ河がゆるやかな曲線を描いて流れる岸に、二つの岩の小山に挟まれた美しい町が近づいてくる。山の上に堂々とした古城が聳え、町中には教会の丸屋根や尖塔が立ち並び、大きな泉のある広場を持つ典雅な都へ降り立つだろう。それが魔法の町ザルツブルクである。ザルツブルクは最も好きな町の一つで、この旅の後も、私は何回か訪れている。その町をメールヘンの都に見たてたところで、私のドイツ、オーストリアの旅の記を終ることにする。

一九七八年十一月記

〈『東山魁夷全集6 ドイツ・オーストリアの旅』(講談社刊) より転載〉

あとがき

あの旅はもう十五年前になる。その後、私達夫婦は七回もドイツを訪れている。殊に昨年（一九八三年）は、三都市で大規模な私の展覧会が開催され、そのたびにドイツとの間を往復した。人々との触れ合いの点でも、また、私の生涯の中でのドイツとの係《かか》わり合いの上でも、昨年のそれが最大のものであることは言う迄《まで》もない。

しかし、あの時、一九六九年の早春から夏の終りへかけての旅は、戦後最初のドイツ旅行であり、若い時の留学から三十六年振りであった。それだけに私の心は、新鮮な躍動に貫かれていたわけである。多くの制作、習作、スケッチが生まれ、旅行記「馬車よ、ゆっくり走れ」も書いた。この画集に収録されているのも、全《すべ》てその時のものである。

あの旅から帰って、私は奈良、大和の探求を考えている時、唐招提寺《とうしょうだいじ》から障壁画の依頼を受けた。爾来《じらい》、十一年間をその制作に専念することになった。そして、日本の山と海から、水墨による中国風景へと移った。したがって、ヨーロッパでの取材を纏《まと》まった連作として描くことも無くなり、私の画風そのものも変った。ドイツでのその後の取材による制作を、いくつかは描いているが、それは自然の風景としてである。

この画集の冒頭に「憧憬《どうけい》と郷愁」と題した一文がある。憧憬と郷愁、別離と帰郷を旅の姿とし、この二つの異った方向が一つの輪に結ばれていたら、そのような宿命を持つ旅人は、いつまでも輪を描きながら歩き続けることになると私は記した。

しかし、恐らく私の旅の輪は、東へと巡り帰ってきたところで、終着点を持ったと、いま私は思っている。

一九八四年二月記

（本制作にのみ作品寸法・制作年を記した。他はスケッチ、習作）

37	町角	ドイツ
38	ホテル・太陽	ドイツ
39	古いガラス絵	ドイツ
40	花のある窓	ドイツ
41	青い窓	ドイツ
42	デューラーの家より	ドイツ
43	祭りの日	ドイツ
44	フライブルクにて	ドイツ
45	鐘のある窓	ドイツ
46	内庭	ドイツ
47	バンベルクにて	ドイツ
48	穀倉	ドイツ
49	ネルトリンゲンの町	ドイツ
50	ホテル・ドイチェス・ハウス	ドイツ
51	聖堂の中	ドイツ
52	夕かげ	ドイツ
53	家並	ドイツ
54	人形芝居の小屋	ドイツ
55	塔の影	ドイツ
56	ローテンブルクの泉	ドイツ
57	絵のある窓	ドイツ
58	野の花	ドイツ
59	リューデスハイムにて	ドイツ
60	ティロルの窓	オーストリア
61	描かれた窓	オーストリア
62	酒場の看板	オーストリア
63	白馬亭	オーストリア
64	骨董屋	オーストリア
65	鐘楼の窓	オーストリア
66	裏窓	オーストリア
67	ホテル・ポスト	オーストリア
68	ザルツブルクの看板	オーストリア
69	緑苑の花	オーストリア
70	ミラベル宮庭園	オーストリア
71	居酒屋	オーストリア

⑮北澤美術館蔵

図版目録

1	窓明り	リューベック	65×92cm	昭和46年
2	霧の町	リューベック	72.5×100cm	昭和46年
3	石畳みの道	リューベック	81×54cm	昭和45年
4	朝の聖堂	リンブルク	100×65cm	昭和46年
5	夕べの聖堂	リンブルク	60×81cm	昭和45年
6	水辺の町	メルン	81×60cm	昭和45年
7	曠原	リューネブルガー・ハイデ	69×100cm	昭和46年
8	ツェレの家	ツェレ	110×130cm	昭和46年
9	ニュールンベルクの窓	ニュールンベルク	65.5×92cm	昭和46年
10	石の窓	ネルトリンゲン	114×166cm	昭和46年
11	晩鐘	フライブルク	81×116cm	昭和46年
12	静かな町	ヴィムプヘン	92×75cm	昭和46年
13	古都遠望	ヴィムプヘン	89×130cm	昭和46年
14	バンベルクのドーム	バンベルク	92×66.5cm	昭和46年
15	緑のハイデルベルク	ハイデルベルク	73×116cm	昭和46年
16	ローテンブルクの門	ローテンブルク	100×70cm	昭和46年
17	赤い屋根	ローテンブルク	70×100cm	昭和46年
18	窓	ローテンブルク	129×194cm	昭和46年
19	泉	ローテンブルク	92×65cm	昭和45年
20	丘の上のローテンブルク	ローテンブルク	59×100cm	昭和46年
21	明けゆく山湖	ケーニヒスゼー	73×100cm	昭和45年
22	緑深き湖	オーバーゼー	54×81cm	昭和45年
23	みづうみ	オーバーゼー	130×164cm	昭和44年
24	ホーエン・ザルツブルク城	ザルツブルク	70×116cm	昭和45年
25	雪の城	ザルツブルク	150×195cm	昭和45年
26	湖畔の村	ザンクト・ヴォルフガング	65×92cm	昭和46年
27	青きドナウ	メルク	70×100cm	昭和46年
28	坂道の家	クレームス	65×92cm	昭和45年
29	水澄む	フェルンパス	38×55cm	昭和47年
30	丘の教会	エッツ	92×65cm	昭和46年
31	マリアの壁	エッツ	67×92cm	昭和46年
32	森の幻想		97×146cm	昭和46年
33	ステンド・グラス	ドイツ		
34	古道具屋の窓	ドイツ		
35	ホルシュテン門の窓	ドイツ		
36	揺れる窓	ドイツ		

図版解説は『東山魁夷全集6　ドイツ・オーストリアの旅』（講談社刊）による。

東山魁夷小画集 ドイツ・オーストリア

新潮文庫 ひ－4－4

昭和五十九年四月二十五日 発行
平成二年十二月五日 七刷

著者 東《ひがし》山《やま》魁《かい》夷《い》

発行者 佐藤亮一

発行所 株式会社 新潮社

郵便番号 一六二
東京都新宿区矢来町七一
電話 業務部(〇三)二六六―五一一一
編集部(〇三)二六六―五四四〇
振替 東京四―八〇八番

価格はカバーに表示してあります。

印刷・大日本印刷株式会社 製本・加藤製本株式会社

ISBN4－10－123204－0 C0171